AF360354

UNION ARTISTIQUE

DE

TOULOUSE ET DU MIDI DE LA FRANCE.

V.

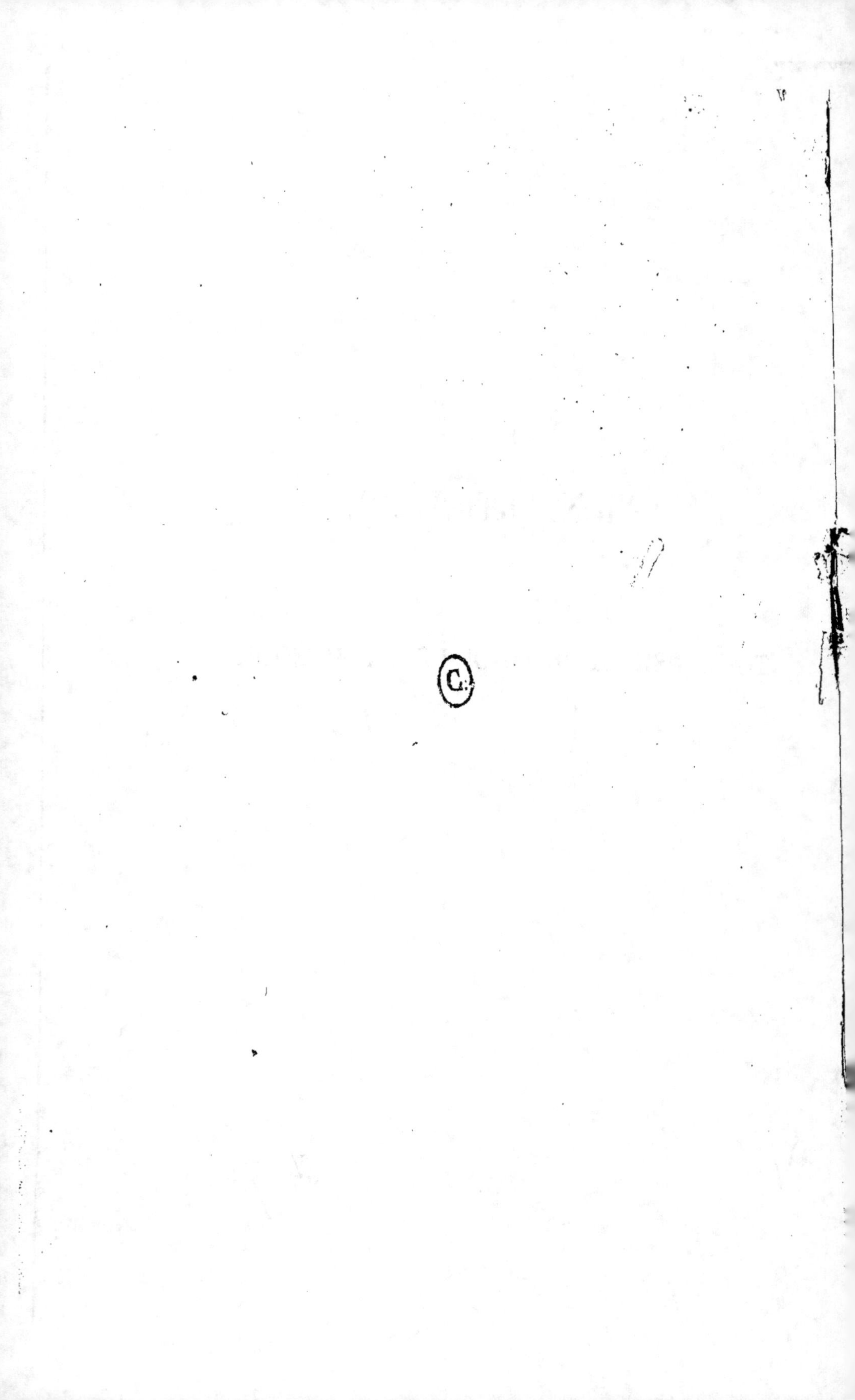

UNION ARTISTIQUE

DE

TOULOUSE ET DU MIDI DE LA FRANCE

FONDÉE EN 1860.

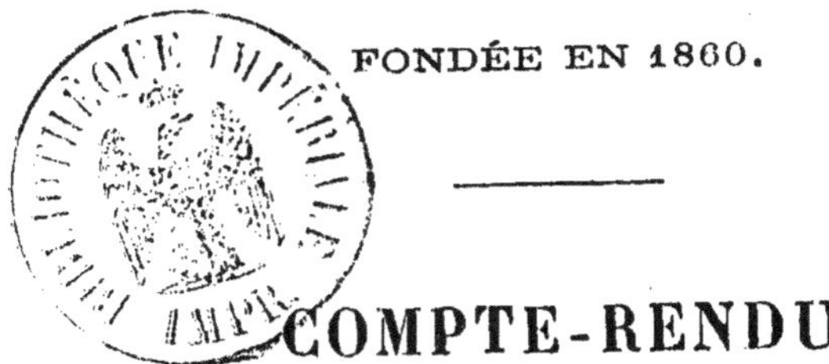

COMPTE-RENDU

PRÉSENTÉ LE 27 MAI 1862

A L'ASSEMBLÉE GÉNÉRALE DES ACTIONNAIRES.

2e EXERCICE. — 1861-1862.

TOULOUSE,
IMPRIMERIE DE A. CHAUVIN,
RUE MIREPOIX, 3.

1865.

UNION ARTISTIQUE

TOULOUSE ET DU MIDI DE LA FRANCE.

Le 27 mai 1862, la Société de l'*Union artistique* s'est réunie en assemblée générale pour entendre la lecture du rapport des travaux de la Société pendant l'année 1861-1862 , et pour procéder au tirage de la loterie des tableaux et œuvres d'art achetés par elle aux artistes exposants.

M Etienne de Voisins-Lavernière, président de la Société, a ouvert la séance à une heure de l'après-midi et a lu le rapport suivant :

Messieurs ,

L'honneur ne m'appartenait pas de vous entretenir aujourd'hui des travaux de l'*Union artistique*, et je parais devant vous avec le vif regret de remplacer votre secrétaire général, que des motifs trop légitimes et bien douloureux tiennent depuis longtemps éloigné de vous.

Au moment où il va terminer sa deuxième année et clore sa seconde exposition , le comité de l'*Union artistique* vous doit compte de sa mission. Vous lui avez accordé une confiance sans réserve, il vous doit une franchise sans limite. Il n'a plus désormais le droit d'en appeler à votre indulgence et de faire valoir en sa faveur toutes les difficultés et les tâtonnements inévitables au début d'une entreprise. Il a marché sur un terrain connu ; l'expérience lui a appris tout ce qu'elle pouvait lui apprendre : ce qu'il a fait, il a bien voulu le faire. Il ne demande plus à être excusé, mais à être jugé. S'il a fait quelque chose de bien, votre approbation lui donnera le courage de continuer son œuvre et la confiance dont il a besoin pour la rendre digne de la ville qui lui prête une aussi généreuse hospitalité, de tous les encouragements qu'elle a reçus, de la haute protection qui l'a entourée : s'il s'est trompé, il tentera de nouvelles voies, il en est temps encore. Ceux de ses membres qui ont pris à la fondation de la Société une part plus active, plus personnelle, et qui, à leurs risques et périls, ont dû peser davantage sur les résolutions du comité, laisseront à d'autres le soin de continuer une œuvre où les fautes commises serviront d'enseignement à ceux qui seront appelés à lui imprimer une direction différente ou une impulsion nouvelle. Nous n'avons dérobé à personne le privilége de remplir cette mission ; la place était libre : et si nous nous sommes jugés avec trop de complaisance, c'est que personne ne nous disputait ni cette responsabilité ni cet honneur.

Avons-nous réussi ? L'*Union artistique*, née sous d'heureux auspices, a-t-elle tenu tout ce qu'elle promettait ? A-t-elle suivi cet accroissement naturel des institutions jeunes et vivaces ? Nous allons laisser parler les chiffres qui nous répondront avec franchise, nous réservant seulement de les contrôler et d'enlever à leurs conclusions ce qu'elles renferment de trop absolu.

L'association comptait, en 1861, 435 membres fondateurs et 145 sociétaires. Elle a perdu, en 1862, 10 fondateurs et 2 sociétaires, et le nombre total des associés des deux caté-

gories est descendu de 580 à 568. Le montant des cotisations
s'élève à la somme de 10,645 fr. 10,645 00

    Allocation de la ville. 1,000 00

    Allocation du département. 500 00

    Le droit d'entrée à l'exposition et la vente
du livret avaient donné, en 1861, 4,268 fr.
75 c.; ils n'ont fourni, cette année et jusqu'au
23 mai, que 1,819 fr. 25 c. En ajoutant à ce
chiffre une somme de 800 fr. comme recette
probable jusqu'au 15 juin, les entrées à l'exposition et la vente du livret donneront un
total de. 2,519 25

chiffre inférieur de 1,749 fr. 50 c. à celui
de l'année dernière. Il restait en caisse au
1er juillet 1861. . . . .   210 40

    Il est rentré pour sommes dues sur l'exer-
cice 1861. . . . .   107 00

    La recette de 1862 est de. 14,981 65

et comparée à celle de 1861, qui s'était
élevée à un total de. 16,647 75

elle lui est inférieure de. . . . .   1,666 10 (*)

    Nos dépenses, en y comprenant le transport et l'emballage
au retour et tous les frais de personnel et de surveillance
prévus jusqu'au 15 juin, jour fixé pour la clôture de l'exposition, atteignent le chiffre de. 7,398 00

Elles étaient, en 1861, de. 7,487 00

Cette différence de 100 fr. en faveur de 1862 est insigni-

---

* Le rapporteur ne pouvait donner que l'état de situation existant au 26 mai
1862, jour du tirage de la loterie; mais il avait prévu trop bas l'éventualité
des recettes jusqu'à la clôture de l'exposition. Comme on pourra le voir ci-après,
au compte définitif de l'exercice 1862, les entrées n'ont donné en 1862 que
812 fr. 80 c. de moins qu'en 1861, et la recette totale n'est inférieure que
de 729 fr. 40 c. à celle de 1861.

fiante. 14,981 fr. de recette et 7,398 fr. de dépense ont laissé à notre disposition une somme de 7,583 fr. ou 7,000 fr., chiffre rond, pour donner quelque chose à l'imprévu, c'est-à-dire 1,950 fr. de moins que l'année dernière.

Vous n'exigez pas, Messieurs, que je vous donne ici le détail de ces dépenses ; il fatiguerait votre attention ; et vous le trouverez, avec ses divisions les plus essentielles, dans un tableau annexé au compte-rendu de 1862, qui vous sera adressé après la clôture de l'exposition. Mais nous vous avions promis, pour cette année, une diminution dans nos dépenses, vous deviez y compter ; nous avons besoin de nous justifier de ne l'avoir pas réalisée.

Les chemins de fer nous avaient accordé, en 1861, une réduction de 50 p. 100 sur les frais de transport. En 1862, ils nous ont refusé cette faveur avec une déplorable unanimité. Il serait au moins inutile de récriminer contre cette décision rigoureuse ; cependant nous avons le droit de nous étonner de n'avoir pas trouvé plus d'appui dans la Compagnie du Midi qu'auprès de celles qui, étrangères à Toulouse, ne lui doivent rien. Si le nombre des ouvrages exposés est inférieur à celui de l'année dernière, l'envoi des artistes de Paris ou de provenances éloignées est plus considérable, et, par suite, nos frais de transport et d'emballage sont plus élevés. Il est vrai que les dépenses de mobilier portées sur le compte de 1861 pour la somme de 1,166 fr. sont à peu près nulles cette année : mais les dispositions nouvelles que nous avons cru devoir prendre, afin de mettre tous les tableaux dans un jour favorable, ont augmenté beaucoup nos frais. Enfin, nous avons trouvé prudent d'assurer contre l'incendie les tableaux et les objets d'art qui font partie de l'exposition, et nous avons payé à une compagnie la somme de 117 fr.

La diminution de nos recettes pour les entrées à l'exposition n'a rien qui doive nous étonner ou nous décourager ; elle s'explique très-naturellement. Le chiffre très-élevé que nous avions obtenu l'année dernière était dû au concours régional qui avait attiré à Toulouse un grand nombre d'étrangers : la recette de cette année est une mesure plus exacte de notre curiosité et de notre amour des arts. Nous devons d'ailleurs ajouter, à l'honneur de notre cité, que ce chiffre est encore supérieur à celui qu'obtiennent les expositions de villes bien plus riches et plus populeuses.

Vous le voyez, Messieurs, nous ne sommes pas en progrès. Est-ce à dire que notre société décline déjà, que les bonnes volontés se lassent, qu'une société artistique ne puisse trouver dans notre ville des éléments suffisants de prospérité? Je ne le pense pas. Presque toutes les entreprises doivent parcourir trois périodes : la première de confiance et d'enthousiasme, parce que le but est élevé, les conséquences fécondes, et que personne n'a voulu ou n'a su prévoir les difficultés ni les entraves. Les obstacles qui surgissent, les amours-propres froissés, les intérêts contrariés, qui n'ont pu encore ni se concilier ni se résigner, donnent à la seconde un certain caractère d'hésitation et de découragement. Céder à ce découragement, c'est assurer la défaite ; lui résister, profiter des leçons de l'expérience, développer ce que l'idée première renferme de germes féconds, abandonner franchement ce qu'elle avait porté d'illusions, céder la part du feu, redoubler de zèle, c'est faire de la troisième période celle du succès.

Il ne dépend pas de votre comité seul d'assurer ce résultat ; la Société tout entière doit se défendre : ce que nous lui demandons, c'est de s'intéresser à elle-même, d'aimer son œuvre et de travailler à son développement. Il nous faut une coopération active. C'est peu que chacun de vous reste fidèle à ses engagements, et acquitte, comme un devoir, sa cotisation annuelle, s'il ne contribue pas autrement à l'extension de la Société, s'il ne lui cherche pas de nouveaux adhérents pour combler les vides que la mort, l'absence ou l'abandon d'un petit nombre laisse dans ses rangs. Disons-le franchement, car il faut éviter ici les illusions comme le découragement, une société qui ne se renouvelle pas incessamment est une société qui doit bientôt s'éteindre, et tout le zèle des survivants ne pourra la sauver d'une mort naturelle. Nous avions obtenu, l'année dernière, un succès inespéré ; le chiffre de nos souscripteurs avait dépassé toutes nos prévisions ; nous ne devions pas attendre un accroissement dans cette seconde année, année d'épreuve et d'affaissement : les choses ont suivi leur cours naturel. Aussi nous ne nous plaignons pas, mais nous vous prévenons : c'est de votre zèle que dépend l'avenir de l'*Union artistique,* c'est votre tiédeur qui la perdrait. Si elle ne vit pas de l'un, elle mourra certainement de l'autre.

Mais pour que vous puissiez donner à l'*Union artistique* cet appui que son comité vous demande, il est nécessaire que nous soyons ensemble parfaitement d'accord sur le but et sur les moyens, il ne faut pas de malentendu ; toute confusion qui jetterait entre nous un germe de méfiance ou de mécontentement, nuirait à l'œuvre de prosélytisme que nous attendons de vous et à cette énergie d'action que vous avez le droit d'exiger de nous.

Nos statuts définissent l'*Union artistique* « une Société de patronage pour les artistes et d'encouragement pour la peinture, la sculpture, etc. » Nous ferons bon marché de notre définition, et nous conviendrons facilement qu'elle manque, comme le plus grand nombre, de clarté et d'exactitude ; mais nous en avons si souvent donné le commentaire, qu'elle ne saurait plus prêter à de fausses interprétations. Nous n'aspirons, d'ailleurs, à aucun mérite d'originalité ou d'invention ; ce que nous voulons faire, c'est ce que l'expérience et le sens commun ont appris à nos devanciers de Lyon, de Marseille, de Lille, de Bordeaux.

L'*Union artistique* n'est pas une académie ; elle n'est pas davantage une association de charité et de prévoyance : c'est entre ces deux termes extrêmes qu'il faut chercher sa signification et son but. Elle se propose en même temps l'honneur de la cité, le progrès de l'art et l'intérêt des artistes. Association locale, elle doit aux artistes du pays une attention plus bienveillante, une appréciation moins rigoureuse, une plus large part, à mérite égal, dans ses encouragements. Société artistique, elle ne peut déserter les intérêts de l'art ; mais, se dégageant des influences et des affections locales, elle doit affirmer son goût et acquérir, dans la mesure de ses ressources, des œuvres d'un mérite sérieux, quelle que soit leur origine.

La part que nous faisons aux artistes du pays est-elle donc si restreinte ? Serait-il vrai que nous soyons auprès d'eux infidèles à notre programme ou à nos promesses ? Ils étaient isolés, nous leur avons donné un lien ; vos expositions les mettent en rapport avec le public qui doit les juger et ne les juge bien que dans ce milieu de comparaison et de critique mutuelle ; ils y trouvent aussi des modèles, des enseignements et le seul moyen qu'ils puissent avoir de se juger eux-mêmes ; ils sont compris dans les acquisitions du comité pour une part tout à fait disproportionnée avec le contingent qu'ils apportent, même comme nombre, à nos expositions : enfin, dans une ville où l'amour de la peinture s'est peut-être endormi dans des langueurs trop platoniques, nous réveillons par ces expositions annuelles l'amour de la possession. Nous ne pouvons faire davantage ; si nous ménageons à nos artistes des entrevues avec le public, c'est à eux de lui plaire.

On nous fait un reproche bien différent : on nous accuse de ne pas acquérir un assez grand nombre de toiles d'un mérite incontestable. Si ce reproche s'adressait à notre goût, il serait juste ; mais il ne peut s'adresser qu'à notre bourse ; c'est le public qui la remplit ; aussi nous le lui renvoyons avec prière de ne plus le mériter.

D'autres enfin, plus ambitieux et plus jaloux de notre dignité que nous-mêmes, nous demandent, comme à une académie, d'affirmer nos doctrines, et veulent nous en-

traîner sur le terrain si glissant des discussions d'école.
L'*Union artistique* est plus modeste, et, nous le croyons aussi,
plus sage. Son comité n'oublie pas son origine ; il a pu s'offrir lui-même à vos suffrages, parce qu'il se sentait assez de
dévouement et d'amour de l'art pour administrer avec sa-
gesse les intérêts de la Société ; mais il n'a pas voulu s'im-
proviser, sans votre consentement, juge en esthétique , et
il n'entend pas solliciter encore cet honneur. Le comité n'est
d'aucune école, il ne prend parti ni pour ni contre MM. Corot et Courbet. Pour admettre à son exposition les ouvrages
d'un artiste, quel que soit son drapeau, il ne lui demande
qu'une chose, d'avoir du talent ou d'en promettre. Je ne
veux pas dire qu'il soit indifférent ; chacun de ses membres
a ses affections et ses antipathies : mais, représentant de
tous les intérêts et de toutes les aspirations artistiques du
pays, intermédiaire entre le peintre et le public, il doit être
bienveillant à tous et ne décourager que la médiocrité.

Si nous repoussons les affirmations doctrinales, qui nous
conduiraient bientôt à des manifestations plus directes, plus
personnelles, et, par une conséquence logique, nous force-
raient à réserver tous nos encouragements pour une école,
j'ignore laquelle, au détriment de beaucoup d'artistes d'un
incontestable talent, nous aimons cependant la discussion ;
nous ne voulons pas que le comité soit absorbé tout entier
par des préoccupations administratives. Aussi avons-nous
accueilli avec reconnaissance le remarquable travail que
M. Eugène Boilly nous a adressé, sous ce titre : l'*Art et
l'union artistique.* Je n'ai rien à ajouter à l'appréciation si
élevée que notre confrère, M. Vaïsse, a faite de cet ouvrage ;
je ne veux que féliciter et remercier son auteur une fois
de plus.

Nous avons signalé avec regret , mais sans découragement, un moment d'hésitation dans le développement matériel de la Société : nous devons aussi faire ressortir ce
qu'elle a acquis du côté de l'art et vers le but qu'elle se pro-

pose. Si le nombre des toiles que nous avons exposées cette année est inférieur à celui de 1861, c'est que nous avons été plus sévère. Sans nous départir entièrement d'une certaine indulgence, que nous croyons nécessaire, nous n'avons pas voulu accepter indistinctement tous les ouvrages qui nous ont été présentés. Quelques artistes aussi se sont rendu justice eux-mêmes ; nous leur en savons gré : l'exposition de 1861 leur a porté un enseignement utile pour l'avenir ; et c'est avec la confiance qu'ils pourront acquérir ce qui leur manque encore, que nous leur disons : Au revoir. Mais vous n'avez pas compté nos toiles, Messieurs, vous les avez estimées, et, comme nous, vous avez trouvé notre seconde exposition bien supérieure à la première. Je ne veux pas faire ici une sèche nomenclature ; il me suffira de prononcer les noms de MM. Ricard, Gigoux, Tournemine, Corot, Lanoue, Brauwn, Daubigny, Raynaud, Flers, Jaquand, pour vous rappeler des toiles remarquables à des titres divers et bien supérieures à celles qui furent le mieux appréciées à l'exposition dernière. Il faut rendre justice à qui de droit : nous devons ce progrès au zèle intelligent, à l'activité et au dévouement si désintéressé de M. Mulé, notre représentant à Paris, à la coopération de M. Martinet, directeur de l'exposition permanente des beaux-arts du boulevard des Italiens, à notre savant confrère M. George, qui, à Paris comme à Toulouse, nous a prêté un concours si éclairé, et enfin aux relations bienveillantes que nous avons établies avec M. Charles Blanc, directeur de la *Gazette des Beaux-Arts*. A l'avenir, nous ferons mieux : nous demanderons à nos correspondants d'être plus sévères, d'éliminer un grand nombre de toiles médiocres et peu intéressantes : nous n'y perdrons pas grand'chose et nous y gagnerons une diminution notable dans les frais de transport. Si les dispositions nouvelles qui ont été prises dans la salle de l'exposition, afin de mettre les tableaux dans un jour plus favorable et l'arrangement des toiles vous ont paru heureusement trouvés, vous devez en remercier MM. de Raynal et Denat et M. le docteur Bégué, cet ami si éclairé de nos artistes, qui, en se dévouant à la Société, a compris qu'il ne désertait pas leur cause. Je dois vous dire ici que votre comité a cru devoir reconnaître les services que M. Mulé lui a rendus depuis deux ans avec un dévouement qui ne s'est jamais lassé ; il se propose de lui offrir un tableau au nom de la Société ; nous sommes convaincus que vous applaudirez à cet acte de reconnaissance et de justice.

Par une réserve que vous apprécierez, nous ne parlerons pas, même pour les louer, des ouvrages envoyés à l'exposition par les artistes du pays. Nous leur devons une égale hospitalité ; les nommer tous serait une banalité injuste ; en distinguer un petit nombre serait rendre cette hospitalité amère à ceux que nous aurions négligés. D'ailleurs, nous ferions de la critique personnelle, et nous nous la sommes interdite. Mais cette critique dont nous déclinons le droit pour nous-mêmes, nous voudrions qu'elle s'exerçât ailleurs : nous la désirons, nous la sollicitons, nous regrettons qu'elle ne se soit encore produite dans aucun des organes de la publicité toulousaine. Elle donnerait à nos expositions un intérêt plus vif, elle formerait le goût, elle compléterait, par un enseignement plus militant et plus personnel, ce que nos expositions ont de trop passif et de trop muet : le comité y trouverait des conseils ou des leçons qui lui seraient profitables.

Il y aurait pourtant à nous de l'ingratitude à ne pas nommer bien haut deux artistes de Toulouse qui, sur la demande du comité, ont obtenu de la ville la plus haute distinction qu'elle puisse accorder à ceux qui l'honorent par leur talent. Un beau paysage de M. Benjamin Duston et le *Jean Huss* de M. Léon Fauré, qui avait été déjà très-apprécié à l'exposition de Paris, ne quitteront notre Salon que pour entrer au Musée. C'était justice ; mais tout le monde ne sait pas la rendre : et je crois être ici l'interprète approuvé de notre Société tout entière en remerciant M. le Maire de Toulouse et le conseil municipal de ne l'avoir pas fait attendre.

M. le maréchal Niel a bien voulu contribuer aussi à l'éclat de notre exposition, en nous permettant d'y faire figurer le tableau de la bataille de Solférino, par Beaucé, qu'il doit à la reconnaissance de l'Empereur. Cette grande et belle page a pour nous un autre intérêt que celui de sa valeur artistique, puisqu'elle nous a fourni l'occasion de rendre hommage une fois de plus à notre président d'honneur. Nous avons encore d'autres obligés; si les remercîments que nous voulons leur adresser restent anonymes, ils ne sont pas moins sincères. Notre Société a déjà porté ses fruits : le goût des tableaux se développe parmi nous, un assez grand nombre de toiles ont été acquises par des particuliers et nous savons que plusieurs le seront encore. C'est là, Messieurs, qu'est l'avenir de l'*Union artistique*. Réduite à ses propres ressources, elle serait impuissante; mais il arrivera un jour où ses acquisitions seront peu de chose auprès de celles qu'elle aura conseillées ou dont elle aura été l'occasion.

Avant de procéder au tirage de notre loterie, nous vous devons quelques explications sur une innovation que nous avons jugé convenable d'y introduire. Je veux parler des lots d'argent substitués, pour une part de nos ressources disponibles, aux lots de tableaux et de sculptures. Vous connaissez déjà les motifs qui nous ont déterminés; nous les avons crus assez sérieux pour les adopter, avant même de vous les avoir soumis. Dans tous les cas, ils sont désintéressés. Vous remarquerez, en effet, que cette mesure amoindrit pour une part essentielle notre plus précieux privilége, celui d'acquérir des ouvrages en plus grand nombre et de témoigner ainsi aux artistes nos sympathies et l'estime que nous faisons de leur talent. Cette part des pouvoirs que vous nous avez concédés, nous vous la rendons. Ceux que le sort aura favorisés, choisiront eux-mêmes les œuvres d'art qui leur plairont : et les caprices de la loterie ne feront pas de ces contre-sens de goût et d'à-propos qui lui enlèvent une partie de son intérêt. Nous n'avons formé qu'un petit nombre de lots d'argent ; ils auront plus de valeur et permettront à ceux qui les auront gagnés d'acquérir à leur gré une toile d'un prix élevé ou plusieurs ouvrages d'une moindre importance. Les gagnants voudront bien ne pas oublier qu'ils doivent faire leur choix huit jours au moins avant la clôture de l'exposition. C'est pour leur en laisser le loisir que nous avons rapproché le jour de notre séance.

Les lots d'argent ont absorbé une partie de nos ressources, déjà inférieures à celles de l'année dernière, et le nombre de nos lots en tableaux et sculptures est diminué en proportion. Nous le regrettons pour tous les intéressés, mais surtout pour les artistes qui, dans la vente d'une toile, recherchent bien moins le profit matériel que la constatation la plus certaine de leur talent.

C'est pour trouver une compensation à cette infériorité de nos recettes sur celles de l'année dernière que votre comité a eu la pensée d'organiser une seconde loterie tout à fait indépendante de celle de la Société et à laquelle tout le monde puisse être appelé à prendre part.

Nous voulions vous demander, Messieurs, aux termes de nos statuts, de renouveler le tiers sortant des membres du comité : mais les lenteurs et les formalités d'un scrutin nous ont paru incompatibles avec le caractère de cette réunion. Aujourd'hui est la fête de l'*Union artistique* : à demain les affaires. Sous peu de jours nous appellerons tous les membres de l'association à venir renouveler leur comité.

Dans sa première séance de 1863, le comité de l'*Union artistique* a décidé que la troisième exposition de la Société serait ajournée jusqu'en 1864, et qu'à l'avenir il n'y aurait d'exposition que d'une année entre autre. Le montant de la troisième annuité, dû par les membres fondateurs, ne sera réclamé qu'en 1863.

L'intérêt des artistes comme ceux de la Société ont motivé cette importante résolution. L'expérience de deux années et la comparaison entre les expositions de 1861 et de 1862 ont prouvé qu'un intervalle de dix mois entre deux expositions était trop court pour laisser aux artistes le temps de produire des œuvres considérables et d'une étude sérieuse; que des expositions trop rapprochées ont l'inconvénient d'encourager la peinture de genre et les œuvres d'une exécution légère, au détriment de la grande peinture; que le nombre des artistes du pays est trop restreint pour que la Société n'ait pas besoin, à chaque exposition, du concours de tous; enfin, que l'intérêt se lasse, et qu'il faut donner un repos à une curiosité qui s'émousse.

L'exposition prochaine de l'*Union artistique* et les suivantes auront, de plus, cet avantage bien important, de ne jamais coïncider avec les expositions de Paris. Nous pourrons ainsi espérer d'obtenir le concours des artistes de la capitale, et les nôtres ne seront pas placés dans cette alternative fâcheuse, de déserter les intérêts de l'*Union artistique*, en envoyant leurs œuvres à l'Exposition générale, ou de faire à leur patriotisme un sacrifice que nous ne voulons pas et que nous ne devons pas provoquer.

L'exposition de 1862 a été ouverte le 30 avril et fermée le 22 juin. Le nombre des objets exposés était de 551 :

Peinture.	360
Pastels, fusains, dessins..	123
Gravures, lithographies.	33
Sculpture..	35
Total.	551

La Société a acquis :

Pour sa loterie, trente-neuf toiles, aquarelles, dessins ou sculptures.

Pour une seconde loterie organisée par ses soins, cinq tableaux.

Il a été acheté par les amateurs et par l'entremise de la Société quatorze tableaux ou dessins.

La ville de Toulouse a acheté un paysage à M. Benjamin Duston et un tableau d'histoire (Jean Huss) à M. Fauré. Ces tableaux de deux artistes de Toulouse appartiennent maintenant au musée de la ville.

COMPTE DES RECETTES ET DES DÉPENSES DE L'UNION ARTISTIQUE DE TOULOUSE ET DU MIDI DE LA FRANCE.

EXERCICE 1862.

RECETTES.		
Restant en caisse de l'année dernière.	210	40
Somme recouvrée après la clôture de l'exercice.	107	
Membres fondateurs (425).	8,500	
Id. sociétaires (143).	2,145	
Subventions.	1,500	
Entrées.	2,940	95
Vente de livrets.	515	
Total.	15,918	35

DÉPENSES.		
Acquisitions de tableaux et d'objets d'art. . . .	7,344	
Frais d'emballage à Paris et location de caisses.	1,385	
Frais de transport à l'aller.	1,009	10
Frais de transport au retour.	790	70
Frais d'emballage à Toulouse.	174	
Honoraires à Paris et appointements.	1,080	
Appropriation des locaux, tenue d'exposition. .	1,196	
Impressions.	457	20
Recouvrements.	217	90
Assurance contre l'incendie.	117	35
Droit des pauvres.	200	
Frais divers et dépenses imprévues.	1,214	45
Pour solde en caisse.	732	65
Total.	15,918	35

LISTE

DES

OUVRAGES ACQUIS PAR LA SOCIÉTÉ

A l'exposition de 1862.

ANDRÉ (J.), à Paris........	1 Forêt.
BERGÈS, à Toulouse......	1 Aquarelle.
BIDA, à Paris...........	5 Photographies (prédication dans le Liban).
BLAIRSY, à Toulouse......	1 Coulisses de l'Opéra.
CHAMPAGNE, à Carcassonne...	1 Paysage.
COMBY, à Toulouse.......	1 Paysage.
FLERS, à Paris.	2 Environs de Saint-Denis.
FONTAINIÉ, à Toulouse.....	1 Fusain.
GARIPUY, à Toulouse.......	1 Le lévite d'Ephraïm.
GARBET, à Toulouse......	1 Dunes.
GÉLIBERT, à Bigorre......	1 Moutons.
GIROUX, à Paris........	1 Paysage.
GOUEZOU, à Nantes.......	1 Intérieur breton.
GRENET, à Paris........	2 Paysages.
HAUTE, à Bordeaux......	1 Nature morte.
HÉBERT, à Paris.	1 La tricoteuse.
HOUSSAYE, à Paris.......	2 Gravures.
JULIA père, à Toulouse.....	1 Gouache.
LAFFORGUE, à Toulouse. ...	1 L'orage.
LECLAYRE, à Paris.......	1 Fleurs et fruits.
MARQUIÉ, à Toulouse.	1 Terre cuite.
MENGAUD, à Toulouse......	1 Paysage.
MOUCHOT, à Paris.......	1 Forgerons.
PALIZZY, à Paris.	1 Chèvres.

PONS, à Toulouse. . . . . 1 paysage.
PONSIN, à Toulouse. . . . . . . 1 Terre cuite.
POTIÉ, à Bordeaux. . . . . . 1 Environs de Libourne.
QUINSAC, à Toulouse. . . . . . 1 Fusain.
RIBOT, à Paris. . . . . 1 La cuisine.
ROSIER, à Paris. . . . . . . 2 Paysages.
VEYRASSAT, à Paris. . . . . . 1 Fontaine dans le pays basque.

Liste des tableaux achetés par des amateurs.

BARON, à Paris. . . . . Au fond du parc.
BENTABOLE, à Paris. . . . . . Côte de Fécamp.
CONSTANTIN, à Paris. . . . . . Une fête de village.
DE LA PORTE, à Paris. . . . . Deux têtes de chien.
GIROUX, à l'Isle-Adam. . . . . Paysage.
HOUSSAYE, à Paris. . . . . . . Gravures.
JAQUAND, à Paris. . . . . . . Un moine.
LE POITEVIN, à Paris. . . . . Bords de la mer.
LORTET, à Lyon. . . . . . . Fusain.
LUMINAIS, au Blanc (Indre). . . Les deux amis.
PONTHUS-CINIER, à Lyon. . . . Paysage.
SALLES, à Nîmes. . . . . . . Perrette et le pot au lait.
SALMON, à Paris. . . . . . . Gardeuse de dindons.
SERRES, à Bordeaux. . . . . . L'enfant trouvé.

Liste des tableaux achetés pour la seconde loterie.

BRAUWN, à Paris. . . . . . . Le piqueur.
BRISSOT, à Paris. . . . . . . Pâturage.
FAURÉ, à Toulouse. . . . . . Don Quichotte.
LANOUE, à Paris. . . . . . . Vue de Saint-Pétersbourg.
LIÈVRE, à Paris. . . . . . . Le petit Poucet.

Liste des estampes, gravures et lithographies donnés à la Société de l'UNION ARTISTIQUE par Son Exc. le Ministre d'Etat, et mises en loterie par la Société.

Jésus chez Simon.
Congrès de Paris.
Tour Malakoff.
Immaculée Conception.
Portrait de LL. MM. l'Empereur et l'Impératrice.
Jupiter et Antiope.
Sainte Famille.
Les deux pigeons.
Dante et Béatrix.
Kermesse de Rubens.
Jésus-Christ au mont des Oliviers.
Les deux amis.
Déposition au tombeau.

STATUTS.

TITRE I.

Organisation.

ARTICLE 1.

L'*Union artistique* de Toulouse et du midi de la France est une Société de patronage pour les artistes et d'encouragement pour la peinture, la sculpture, la gravure et généralement pour tous les arts du dessin. — Elle fait des expositions annuelles, achète des tableaux et autres objets d'art aux artistes exposants.

L'*Union* prend en sérieuse considération la peinture murale et religieuse ; elle facilite aux artistes les moyens d'obtenir des commandes en servant d'intermédiaire entre eux et les conseils de fabrique des paroisses ou les administrateurs des établissements publics.

ARTICLE 2.

L'*Union* se compose de patrons, de membres fondateurs, de membres sociétaires et de membres honoraires. Leur nombre est illimité.

ARTICLE 3.

Les actions ou cotisations annuelles sont de 20 fr. pour les fondateurs et de 15 fr. pour les sociétaires. — Les membres fondateurs s'engagent à faire partie de la Société et à payer le montant de leurs actions pendant trois ans ; les membres sociétaires ne s'engagent que pour un an.

Patrons, fondateurs et sociétaires peuvent souscrire pour un nombre indéterminé d'actions. Ils participent aux avantages de la Société au prorata des actions qu'ils ont prises.

ARTICLE 4.

L'*Union artistique* commence son année au 1er juillet. Elle reçoit de nouveaux membres en tout temps ; mais quelle que soit l'époque de l'inscription, les actions datent toujours du 1er juillet.

TITRE II.

Administration, bureau.

ARTICLE 5.

L'*Union artistique* a un Président honoraire ;

Elle est administrée par un Comité qui se compose :

D'un Président ;

De quatre Vice-Présidents ;

D'un Secrétaire général ;

D'un Secrétaire adjoint ;

D'un Trésorier ;

Et de trente-trois Commissaires.

ARTICLE 6.

Le Comité, composé de quarante membres, est nommé en assemblée générale. Il ne peut être pris que parmi les membres fondateurs. A lui appartient la nomination des membres du bureau, laquelle a lieu à la majorité simple. Ce vote n'est valable qu'autant que vingt membres y auront pris part à la première réunion. Si ce nombre n'est pas atteint, il est fait une convocation spéciale, et le vote se fait à la majorité absolue.

La Société a des membres correspondants qui font partie de la Commission au même titre que les membres résidants.

Les membres du Bureau sont élus pour trois ans. Ils sont rééligibles indéfiniment.

Article 7.

L'élection des Commissaires a lieu par scrutin de liste et à la majorité relative. Ils se renouvellent tous les ans par tiers, suivant l'ordre du tableau.

Toutefois, la première année, les membres sortants seront désignés par la voie du sort, sur le nombre total des Commissaires, et, la seconde année, sur les deux tiers restants.

Ils sont indéfiniment rééligibles.

Tout membre qui, sans excuse légitime, se sera abstenu de paraître à trois convocations consécutives, sera réputé démissionnaire.

Il est distribué des jetons de présence. Les frais affectés à cette dépense ne sont jamais prélevés sur le fonds social; ils sont couverts par une cotisation entre les membres du Bureau et de la Commission.

Article 8.

Les artistes ne peuvent être membres fondateurs ni membres du Bureau.

TITRE III.

Détermination des fonctions.

Article 9.

L'*Union artistique* confie tous ses pouvoirs au Comité qui administre, en son nom, conformément au règlement, dans la limite du budget qui est arrêté tous les ans, en assemblée générale des fondateurs.

Article 10.

Le Comité règle toutes les dispositions relatives à l'Exposition ; il en fixe l'époque et la durée, se forme en jury du concours, désigne les tableaux et autres objets d'art qu'il convient d'acheter, et organise la loterie pour la répartition, par la voie du sort, entre les membres fondateurs, de toutes les œuvres d'art acquises par la Société.

Le Comité convoque, tous les ans, les membres de l'association en assemblée générale pour la reddition des comptes, et toutes les fois qu'il le juge nécessaire.

Article 11.

Le Président signe les divers actes de l'*Union*, préside les assemblées générales et celles de la Commission ; il représente la Société dans toutes les circonstances.

Lors des votes, s'il y a partage, il a voix prépondérante.

En cas d'empêchement, il est remplacé par l'un des Vice-Présidents, et, à défaut, par l'un des Commissaires désignés séance tenante.

Article 12.

Les fonctions des Vice-Présidents sont les mêmes que celles du Président, alors qu'ils sont appelés à le remplacer. En toute autre circonstance, ils n'ont que les attributions des membres du Comité.

Ils président les Sous-Commissions qui sont formées dans le sein du Comité.

Article 13.

Le Secrétaire général, ou, au besoin, son représentant, le Secrétaire adjoint, contresigne tous les actes de la Société, rédige les procès-verbaux des séances générales et des séances de la Commission, les programmes et circulaires concernant l'Exposition, expédie les titres d'admission, tient la correspondance, surveille l'impression et l'envoi de tout ce qui se publie au nom de la Société, et fait le rapport annuel sur le concours. — En cas d'empêchement, ils sont remplacés, pour tout ou partie de ces fonctions, par un Commissaire désigné par le Président.

ARTICLE 14.

Le Trésorier effectue les recettes de la Société ; il fait les dépenses délibérées par la Commission, sous le visa du Président, ou, en cas d'absence, de tout autre membre du Bureau, délégué par le Président.

Sa comptabilité est vérifiée tous les ans par une Commission de trois membres prise dans le Comité et nommée par lui au scrutin de liste. Cette Commission fait son rapport au Comité ; il en est rendu compte par le Président ou Secrétaire, en assemblée générale.

Il dépose les fonds de la Société à la Recette générale ou chez un banquier, à moins qu'il ne soit autorisé à les garder.

TITRE IV.

Admission des membres.

ARTICLE 15.

L'*Union artistique* se met sous le patronage des hauts fonctionnaires de la ville ; elle convie chacun d'eux en particulier à accepter le titre de *patron* de la Société. Elle peut aussi le décerner à tous ceux qui, en prenant un certain nombre d'actions, ou sous toute autre forme, seraient devenus les bienfaiteurs de la Société.

Leur admission est proposée par l'assemblée des fondateurs sur la proposition du Comité.

Article 16.

Peuvent être nommés membres honoraires et correspondants les personnes qui, en dehors de la Société, lui prêtent un concours efficace, qui entretiennent avec elle une correspondance utile : les Présidents des diverses sociétés qui, instituées pour le même but, veulent bien se mettre en rapport avec l'*Union artistique*.

Ils ne sont assujettis à aucune cotisation.

TITRE V.

Assemblées.

Article 17.

Toutes les dispositions relatives à l'ordre dans les assemblées et dans les délibérations feront l'objet d'un règlement présenté par le Comité et approuvé par les fondateurs.

Article 18.

Le Comité fixe l'ordre du jour des assemblées générales.

Le Président fixe celui des séances du Comité.

Cet ordre du jour est indiqué sur les lettres de convocation.

Article 19.

Toute proposition émanant d'un membre de la Société doit être communiquée au Comité huit jours au moins avant une assemblée générale et est portée à l'ordre du jour de cette assemblée.

Une proposition ne peut être reçue par le Comité et portée par lui devant l'assemblée que si elle est appuyée et signée par trois fondateurs ou cinq sociétaires.

TITRE VI.

Articles supplémentaires.

ARTICLE 20.

Un Secrétaire écrivain est nommé par le Comité ; il est pris en dehors de la Société et rétribué par elle.

ARTICLE 21.

Il ne pourra jamais et dans aucun cas être fait une demande de fonds aux membres de la Société au-dessus du montant de leur souscription.

ARTICLE 22.

Les objets d'art acquis par la Société sont répartis par la voie du sort, en forme de loterie, entre les membres fondateurs et sociétaires. Les membres fondateurs ont droit à quatre billets, les sociétaires à trois.

ARTICLE 23.

Tous ceux qui, au moment du tirage, n'ont pas versé le montant de leurs actions n'ont aucun droit au bénéfice de la loterie et ne font plus partie de la Société.

ARTICLE 24.

Les présents statuts ne pourront être modifiés qu'en assemblée générale.

LISTE

DES

MEMBRES DE LA SOCIÉTÉ L'UNION ARTISTIQUE.

Président honoraire :

Son Excellence le maréchal **NIEL.**

Patrons :

M. BOSELLI, préfet de la Haute-Garonne.

M. CAMPAIGNO (comte de), maire de Toulouse.

Mgr DESPREZ, archevêque de Toulouse.

M. PIOU, premier président.

M. GASTAMBIDE, procureur général.

M. CASSAIGNOLLES, général de division.

M. ROCHER, recteur de l'Académie.

M. POURCET, général de brigade, chef d'état-major.

M. CARBONEL (de), receveur général.

Président :

M. Voisins-Lavernière (Etienne de).

Vice-Présidents :

MM. Reveu, général.

Bories, adjoint au maire.

Carayon-Talpayrac (Jules).

Lacointa (F.).

Secrétaire général:

M. Rességuier (Fernand de).

Trésorier :

M. Borel, agent de change.

Membres de la Commission :

MM.
- Ardenne (Auguste).
- Ayguevives (Albert d').
- Barry (Edw.).
- Bégué, Dr.
- Bournazel (de).
- Bourg (Christophe du).
- Buisson (Jules).
- Cibiel (Isidore).
- Corbin.
- Clausade (Gustave de).
- Dassier, Dr.
- Davout.
- Estevenet, Dr.
- Gabriel (Auguste).
- Gaillard.
- Galibert.
- George.
- Guillemon.

MM.
- Juillac (de).
- Le Blanc du Vernet.
- Mazzoli.
- Menou (de).
- Méricant (Louis).
- Montcabrier (de).
- Montrond (de).
- Montesquiou (Louis de).
- Olmade (Auguste).
- Perier (du).
- Pujol (Auguste).
- Puy-Montbrun (Alfred du).
- Raynal (de).
- Roschach (Ernest).
- Sabatié de la Sipière.
- Saint-André (Charles de).
- Saint-Raymond (Jules).
- Vaïsse (Emile).

Membres Correspondants faisant partie du Comité.

MM. Fréjacque, Dr, à Carcassonne.

Fourgassié-Vidal, à Castres.

Séré de Rivière, à Alby.

Lahondès (de), à Foix.

Montesquiou (de), à Foix.

Mulé (Antonin), à Paris.

Rigal, Dr, à Gaillac.

Davout (commandant), à Besançon.

Membres Fondateurs :

Les membres fondateurs paient une cotisation annuelle de 20 francs et s'engagent pour trois ans, à partir du 1er juillet 1860.

La Société a commencé sa première année le 1er juillet 1860.

Elle reçoit de nouveaux membres en tout temps ; mais les actions datent toujours du 1er juillet de chaque année.

(Article 5 des statuts de l'*Union artistique*).

Tout membre fondateur a droit à QUATRE *billets dans la répartition par la voie du sort des œuvres d'art acquises par* l'UNION ARTISTIQUE.

MM.
Adhémar (d').
Adhémar (Victor d').
Advisard (Amable d').
Aguin (Richard d').
Aldéguier (Auguste d')
Aldéguier (Gaston d').
Amilhau (Alexandre).
Amilhau (Jules).
Ardenne (Auguste), .
Armagnac (d').
Arnal.
Arnaud.
Arnichand fils.
Assezat (d').
Assiot.
Astrié (Ernest).
Atoch, Dr.
Audouy.
Auguère.
Auriol (Gustave d').
Auriol (Joseph d').
Avejan (d').
Ayguesvives (Albert d').
Azas (d').
Azéma de Castet Laboulbène.
Bahuaud , avocat.
Baichère.
Barry (Edw.).
Bart (Marcellin).
Bastide d'Izard.
Bastide d'Izard (Mme).
Batut, Dr.
Beaumont.
Bégué , Dr.
Bégué (Alexandre).
Béhaghel (le général).
Béhaghel (Paul).
Belcastel (Paul de).
Bellegarde (Elie de).
Bélissens Durban (de).

MM.
Bélissens-Bénac (de).
Bellecour (André).
Bent
Berdoulat (Paulin).
Bergis, ingénieur.
Bernard (Edmond de).
Berthier (marquis de).
Berthier (comte de).
Berthier (Jean-Léonard).
Bésombes (Abel).
Bessières , Dr.
Bessières (Casimir).
Bésiat.
Ribent (Jules).
Bogues (Alphonse).
Boilly (le colonel)
Boissié.
Bonnemaison (Germain).
Borel , agent de change.
Bories, adjoint
Bourg (Christophe du).
Bourg (Philippe du).
Bournazel (marquis de).
Boussaguet.
Boutan, avoué.
Boutier.
Boutoey, conservateur des hypothèques.
Brazier.
Brancion (de).
Bray (Philippe de).
Brocas (de).
Buisson (Jules).
Busquet (Isidore).
Busquet Gaspard).
Cahusac (Ernest de).
Cahusac (Henri de).
Calas (l'abbé).
Calvet-Besson.
Cambolas (de).

Campaigno (comte de), maire de Toulouse.
Cantalauze (baron de).
Cantalauze (Léon de).
Cany, Dr.
Carayon-Talpayrac (Jules).
Carayon-Talpayrac (Adolphe).
Carbonel (de), receveur général.
Carcado-Molac (marquis de).
Cardaillac fils.
Carrère (Paul).
Carrière (Jules).
Castelbajac (comte de).
Castres-Saint-Martin.
Catala de Bruzaud.
Caumels (de).
Caussé, juge.
Caussette (le R. P.).
Cavalié (Louis).
Cazaux, adjoint.
Caze, président.
Cazes fils.
Certain.
Champagne-Sargine.
Chaubard.
Chaubard (Gabriel).
Chauvin (Auguste).
Cibiel (Isidore).
Cibiel (Charles).
Clausade (Gustave de).
Clauzelle (vicomte de).
Comminges (Fernand de).
Constant-Bonneval (de).
Corbin, aide-de-camp du maréchal Niel.
Costes (Gustave), négociant.
Costes (Alphonse).
Couderc.
Courdurier.
Courrenq.
Courtois (Henri).
Crispon (Amédée).
Cun, inspecteur primaire.
Cusson.
Daguilhon-Laselve.
Darrieus.
Dassier, Dr.
Dassier (Louis).
Daram, adjoint.
Dauriol (Joseph).
Dauriol (Gustave).

Dat (Charles).
Debax, conseiller municipal.
Delcamp (Denis).
Delpech, à Montauban.
Delorme, manufacturier.
Denat (André), architecte de la Société.
Derroux (Emile).
Desbarreaux-Bernard, Dr.
Desclais, avoué.
Despaignols.
Destrem (Nestor).
Destrem (Firmin).
Diculafoy, Dr.
Diculafoy (Jules).
Dorsenne (Philibert).
Dondet (Alphonse).
Douladoure (Charles).
Douladoure (Prosper).
Doumenjou.
Douzon (Léonce).
Druilhet.
Duboul.
Ducos (Alexandre).
Ducos (Léon).
Dufaur, tapissier.
Dufaur fils.
Dufaur.
Dugabé, avocat.
Duplan, député.
Dutilleux, directeur des postes.
Escoubée.
Espinasse (Louis), agent de change
Espy.
Estampes.
Estevenet, Dr.
Exca (d').
Eychenne, avoué.
Fabre, notaire.
Fabry de Berty.
Falguières, agent de change.
Fargues (Prosper).
Faur.
Felzins (de).
Féral (Louis).
Fleury (Henri de).
Flotte (de).
Fouques (Gustave).
Fouques (Henri).
Fournalès.
Fournié.

Fournié fils.
Fréjacque (Gustave), Dr, correspondant à Carcassonne.
Fumel (Georges de).
Fumel (de).
Gabriel (Auguste).
Gaillard, professeur à l'Ecole d'artillerie.
Galarin, négociant.
Galibert (Jules).
Gallié (Charles).
Garipuy.
Gastambide, procureur général.
Gauléjac (abbé de).
Gaussens (Paul).
Gélas (Camille de).
Gennes (de).
Genton de Villefranche (de).
George.
Germond (Georges de).
Gèze (Louis).
Gironis du Floquet.
Godar.
Goyon (de)
Grieumard, confiseur.
Guerre, notaire.
Guillemon, percepteur.
Guillot de Lagarde.
Guiraud, ex-secrétaire des hospices.
Hautpoul (Eugène d'),
Huc (Jules), négociant.
Jaubert.
Joly, professeur.
Jordane.
Judan.
Juillac (de).
Klehe (Richard).
Labarthe (Eugène).
Labattut (Lucien).
Labusquières (de).
Lacger (Jules de).
Lacointa (F.).
Lacomme (Mme veuve).
Lacroix, banquier.
Lafage (Henri de).
Lafont (Volusien).
Lagarde.
Lajoux (Justin).
Lahondès (de), à Pamiers.
Lamort.

Lamothe.
Langlade (Alphonse).
Langlade (Camille).
Langlade (Albert de).
Lansac.
Lapasse (de).
Lapersonne (Gustave).
Latour
Laumont, notaire.
Laurens, greffier.
Laurens (de).
Laurent (Achille).
Lauro (de).
Lauvin.
Lauzun (Joseph de).
Le Blanc du Vernet.
Lefèvre (Auguste).
Lefèvre (Albert).
Lepic (baron), préfet de l'Aude.
Lézat (Pierre).
Lignières (Auguste).
Limairac (de).
Lormière (J.-B).
Loubens.
Lucy (Gustave de).
Maignan (Henri).
Maignan (Edouard).
Malavialle (Gustave).
Marcon (Pierre).
Manent.
Marchant, Dr.
Marion-Brésillac (de).
Marsac (Victor de).
Mauléon (Alphonse de).
Mauvoisin (Ernest de).
Mazas, maire de Lavaur.
Mazzoli, Dr.
Mazzoli (Ferdinand).
Medrano (Henri de).
Meissonnier.
Ménard (de).
Menou (de).
Micas.
Méricant fils.
Mignot (Alexandre).
Milhès.
Mobisson (Paul).
Molas.
Moncal (Eugène de).
Montano.
Montcabrier (Henri de).

Montcabrier (Paul de).
Montels (Félix).
Montesquiou (Louis de).
Montrond (de), commandant d'ar-
    tillerie.
Morand (Charles).
Mortaricu (de).
Moulas.
Mulé (Antonin), représentant de la
    Société à Paris.
Mulé (Jean-Jacques).
Naurois (de).
Naurois (Auguste de).
Nicol (Henri de).
Niel (S. Ex. le maréchal).
Niel, conseiller.
Noguès, Dr.
Nouailhan (Amédée de).
Olive (Louis d').
Olive (Isidore d').
Olivier (Hippolyte).
Olmade.
Ortala (Léopold).
Ostalet jeune.
Ozenne, adjoint.
Pagés (de l'Ariége).
Parazol (de).
Pébernad.
Pendaries.
Périer (Pierre du).
Périer (baron du).
Pétipied.
Piéchaud, curé de Saint-Etienne.
Pigny (J.-M.), négociant.
Pins (de).
Pins (Henri de).
Pins-Montbrun.
Piou, premier président.
Pointis (de).
Porteries (Prosper).
Portes (Maurice).
Pourcet (le général).
Pons (de).
Pons (F. de).
Pouy (Alfred de).
Pradviel (Alphonse).
Prady.
Provost.
Puymirol (A. de).
Puy-Montbrun (du).
Pujol (Auguste).

Puybusque (de).
Puymaurin-Marcassus (de).
Quinsac.
Ramel.
Raspaud.
Raymond (Ernest).
Raynal (de), ingénieur.
Raynal (Bruno de).
Raynaud (de).
Rayssac (G. de).
Rayssac (de).
Razous.
Rességuier (marquis de).
Rességuier (comte Jules de).
Rességuier (Fernand de).
Rességuier (Edmond de).
Reulot.
Reveu (le général).
Rivals-Mazères (de).
Rivalz (de).
Rivière père.
Rivière (Gabriel).
Rodier (de).
Rocher, recteur de l'Académie.
Rolland (Oscar de).
Rond.
Rolland (Charles de).
Roquemartine.
Roque (Alphonse).
Roquette (Jules de).
Roquette-Buisson (de).
Roschach (Ernest).
Rouget.
Rouget jeune.
Roumeguère (Casimir).
Rouquet (Antoine).
Rozan (colonel de).
Roziès, Dr.
Rozy (H.), avocat.
Sabatié de la Sipière.
Sacaze, conseiller.
Sahuqué (Henri de).
Sahuqué (Louis de).
Sahuqué (Paul de).
Saint-André (Charles de).
Saint-André (de).
Saint-Juery (de).
Saint-Lieux (de).
Saint-Maur (de).
Saint-Projet (abbé de).
Sainte-Marie (Achille de).

Sainte-Marie (Henri de).
Saint-Raymond.
Saissinel, avoué.
Salinier (Adolphe).
Sambucy (Adrien de).
Sambucy (Félix de).
Sambucy-Sorgues (de).
Sarrebourse d'Audeville, conseiller de préfecture.
Saulnier.
Sauzet (Henri de).
Schwab (Antonin).
Serville, inspecteur des postes.
Seube aîné.
Sevin (de) père.
Sevin (Anatole de).
Suarès d'Almeyda (Charles de).
Suarès d'Almeyda (Henri de).
Suau.
Sudre, avoué.
Tappie (de).
Tauriac (marquis de).

Tautabel (Gaston de).
Tautier.
Teissié (Eugène).
Thomas (V.).
Thomas-Latour (René).
Toulouse-Lautrec (de).
Toulouse-Lautrec (Raymond de).
Vaïsse (Emile).
V. A. (Mme A.).
Vène, ingénieur.
Vergues.
Vernazobre (Ernest).
Vié.
Vidal (Charles).
Vignolle (Pierre).
Viguerie (de).
Viteaux.
Voisins-Lavernière (de) père.
Voisins-Lavernière (Etienne de).
Yarz.
Yverssens (d').

Membres Sociétaires.

Les membres sociétaires paient une cotisation annuelle de *quinze* francs, et ne s'engagent que pour un an.

La Société a commencé sa première année le 1er juillet 1860.

Elle reçoit de nouveaux membres en tout temps ; mais les actions datent toujours du 1er juillet de chaque année.

(Article 3 des statuts de l'*Union artistique*).

Tout membre sociétaire a droit à TROIS *billets dans la répartition des œuvres d'art acquises par l'*UNION ARTISTIQUE.

MM.
Abel.
Acoqua.
Albrespy.
Amiel.
Bastit.
Berdoulat, ingénieur.
Bernés (Auguste).
Bianchi.
Biscay.
Boilly.
Carles (Firmin), à Lavaur.

MM.
Capoul fils.
Cassaignolles (le général).
Caumont (de).
Cayeu (le colonel de).
Cazes, vérificateur de l'enregistrement.
Cazes (Joseph).
Chalvet (Etienne).
Chanal (colonel de).
Cercle du Capitole.
Cibiel (Gentil).

Conezil.
Cornet-Peyrusse, à Carcasonne.
Coussières (Jules).
Cousy, à Castres.
Cousy, à Lavaur.
Crilloup (Victorine).
Daumont (Ch.).
Doumenjou, à Carcassonne.
Delboy.
Delpon fils.
Delpeyre, avocat.
Destrem (Casimir).
Dubourg (Gustave).
Ducros (Raymond).
Durand (Gabriel).
Escot.
Feilles.
Fornier (Germain).
Fornier (Gabriel).
Fort (Gustave).
Fourgassié (Edouard), à Castres.
Fournas (Evremont de).
Fournas (Louis de).
Fourtanier, notaire.
Frézières (Félix).
Gavaret (de).
Gaujac (de).
Genton de Villefranche (Mme).
Gibaudan père.
Gibaudan (Mélanie).
Gilède-Pressac (de).
Golse.
Henri, juge à Muret.
Jalabert (Jean), à Carcassonne.
Janot, Dr.
Jougla (Jules), négociant.
Lagaillarde (Bertrand).
Lagrange.
Lesueur, commandant.
Lézat, abbé.
Madron (de).
Mallan.
Manent.
Martin, président.
Massol.
Mather (Ernest).
Mather (Gustave).

Mather (Adolphe).
Maurel.
Mauvoisin (de).
Mazoyer (Ernest).
Mespliés (Isidore).
Michel-Ange.
Moly (de).
Montaut (de).
Moras.
Pagès (Louis).
Parmentier, aide-de-camp du maréchal Niel.
Pellegry.
Petit.
Peyre, banquier.
Planès.
Plivar (le colonel).
Pujol (Jules).
Puységur (de).
Raynal (de).
Raynaud (de).
Reverdy (Prosper).
Rigal, Dr, à Gaillac.
Roquemaurel (de).
Roussel.
Saint-Simon (de).
Saunhac (de).
Sauzet (Louis de).
Sevin (Théodore de).
Société des Amis des Arts, de Toulouse.
Société des Amis des Arts, de Carcassonne.
Soos (de).
Tivollier, limonadier.
Tournamille.
Toulza.
Trutat (Eugène).
Valady (de).
Valette (Charles), à Castres.
Vaulx (de),
Vialatte (Arnaud).
Vigarosy (Charles), à Mirepoix.
Virebent.
Voisins-Lavernière (Joseph de).
Waroquier (de).